So schön ist Münster

Sachbuchverlag Karin Mader

Fotos:
Jost Schilgen

Text:
Martina Wengierek

© by Sachbuchverlag Karin Mader
D-28879 Grasberg

Grasberg 1999
Alle Rechte, auch auszugsweise, vorbehalten.

Übersetzungen:
Englisch: Michael Meadows
Französisch: Mireille Patel

Printed in Germany

ISBN 3-921957-15-X

In dieser Serie sind erschienen:

Titelbild:
Rathaus

Ach, Münster! Generationen von Studenten geraten ins Schwärmen, sobald es um ihre alte Universitätsstadt geht. Altbierbowle bei „Pinkus Müller", Flirts im „Café Schucan", Arbeitsgruppen am Aasee, Pättkes-Touren in die Rieselfelder, Schlemmerzüge auf dem Send – wer könnte das je vergessen? Kein Wunder, denn die 1200 Jahre junge „Perle Westfalens" macht es einem leicht, sich im Handumdrehen zuhause zu fühlen. Prinzipalmarkt und Dom, Adelhöfe, Kirchen und schmucke Bürgerhäuser bieten dem Alltag eine unvergleichliche Kulisse. Sie erinnert an die Karriere Münsters als katholischer Bischofssitz und Mitglied der Hanse, an das blutige Intermezzo der Wiedertäufer ebenso wie an die Besiegelung des Westfälischen Friedens und die mutigen Predigten des Bischofs von Galen gegen den Nationalsozialismus.

Heute ist Münster nicht nur wirtschaftliches und kulturelles Zentrum der Region, sondern auch bedeutende Kongreß- und Verwaltungsstadt. Daß neben der Tradition die Weltoffenheit nicht zu kurz kommt, dafür sorgen vor allem die 56 000 Studenten, die es von überall her an die Universität, Fachhochschulen, Fach- und Sonderschulen und Kunstakademien zieht: Inzwischen machen sie bereits ein Fünftel der Einwohner aus.

Ah Münster! Generations of students go into raptures as soon as they hear the name of their old university town. Altbier punch at "Pinkus Müller", flirting at "Café Schucan", study groups at the Aasee, biking excursions to the Rieselfelder, feasting at the Send, who could ever forget it? And it's no wonder because the 1200-year-young "pearl of Westphalia" makes one feel at home right away. Prinzipalmarkt and cathedral, aristocratic estates, churches, and the decorative town houses provide a unique backdrop for daily activities. They hark back to Münster's career as the seat of the Catholic Bishop and member of the Hanseatic League, to the bloody intermezzo of the Anabaptists as well as to the signing of the Westphalian Peace Treaty and the courageous sermon against the National Socialists by Bishop von Galen.

Münster is today not only the economic and cultural center of the region but also an important convention and administration city. The continuation of the cosmopolitan tradition is guaranteed primarily by the now 56,000 students, drawn from all over by the university, technical colleges, special schools and art academy; they alone constitute a fifth of the total population.

Ah! Münster! Des générations entières d'étudiants se prennent à rêver dès qu'il s'agit de leur vieille ville universitaire. «Altbierbowle» chez «Pinkus Müller», flirts au «Café Schucan», groupes de travail au lac de l'Aa, tours en vélo aux Rieselfelder, raids gastronomiques au Send – qui pourrait oublier tout cela? Rien d'étonnant à tout ceci. En un tour de main chacun se sent chez soi dans la «Perle de Westphalie», jeune de 1 200 ans. Le Prinzipalmarkt et la cathédrale, les demeures aristocratiques, les églises et les coquettes maisons bourgeoises constituent un décor inoubliable aux activités de la vie quotidienne. Ils rappellent le rôle d'évêché catholique et de membre de la Hanse joué par Münster, le sanglant intermède des anabaptistes, la signature de la paix de Westpahlie et les courageux sermons de l'évêque von Galen contre le National-socialisme.

De nos jours Münster n'est pas seulement le centre économique et culturel de la région mais aussi une importante ville de congrès et centre administratif. Les 56 000 étudiants qui fréquentent l'université, les écoles techniques, les écoles supérieures, les institutions pour handicapés et l'académie des Beaux-Arts constituent un cinquième de la population.

Rund um den Prinzipalmarkt

Seit dem Mittelalter ist der Prinzipalmarkt die „gute Stube" der Stadt. Die Münsteraner hatten den neuen Markt, der sich nach 1150 entlang der Grenze zur Domburg entwickelte, rasch für sich entdeckt. Ende des 13. Jahrhunderts war die Reihe der schmukken Giebel- und Bogenhäuser lückenlos. Dieses malerische Ensemble, eines der bedeutendsten städtebaulichen Leistungen

Prinzipalmarkt has been Münster's showcase since the Middle Ages. Münster residents soon discovered the new market, which developed along the Domburg border starting in 1150, and made it their own. By the end of the 13th century the row of decorative gabled buildings with archways was complete. This beautiful ensemble, one of the most important urban construction

Le Prinzipalmarkt est, depuis le Moyen Age, le «beau salon» de la ville. Les habitants adoptèrent très vite le nouveau marché qui s'était développé à partir de 1150 le long de la limite du Domburg. A la fin du 13e siècle, la rangée de coquets pignons et de jolies maisons à arcades était complète. Ce pittoresque ensemble, l'une des plus importantes réalisations de l'architecture

ihrer Zeit, ging im Bombenhagel des
Zweiten Weltkrieges unter. Bei den meisten
Bogenhäusern blieben nur die Stützpfeiler
der Arkaden stehen. Einem einfühlsamen
Wiederaufbau ist es zu verdanken, daß die
ursprüngliche Atmosphäre nicht verloren-
ging. Ein Bummel unter den Arkaden ist
nicht nur bei Regen ein Vergnügen.

feats of its time, was destroyed by bombs in
World War II. All that remained of most of
the buildings were the arcades' supporting
columns. Sensitive reconstruction of the
buildings was able to maintain the original
atmosphere. A stroll through the arcades is a
pleasure not only on rainy days.

urbaine de cette époque fut détruit par les
bombes de la Deuxième Guerre Mondiale.
La plupart des maisons à arcades s'écrou-
lèrent complètement à l'exception des
colonnes des arcades. La reconstruction s'est
souciée de rendre à ces lieux leur atmos-
phère d'origine. Une promenade sous les
arcades est un grand plaisir même lorsqu'il
ne pleut pas.

Als „schönsten Freilichtsaal" hat die Dichterin Ricarda Huch den Prinzipalmarkt einmal gerühmt. Tatsächlich sitzt man hier in der ersten Reihe. Vor der historischen Kulisse hat das Altstadtfest seine Bühne, ziehen Prozessionen und Studentendemos vorbei, werden rote Teppiche für Staatschefs ausgerollt. Hier regnet's im Februar Konfetti, und im Dezember liegt Glühweinduft in der Luft.

The poet, Ricarda Huch, once praised Prinzipalmarkt as the "loveliest open-air hall". And it is true, here you are really sitting in the first row. The Altstadt Festival takes place in front of this historical backdrop, parades and student demonstrations pass by, and the red carpet is rolled out for heads of state. In February it rains confetti here and in December the fragrance of "Glühwein" fills the air.

La poétesse Ricarda Huch qualifia le Prinzipalmarkt de «plus belle salle à ciel ouvert». L'on est ici, en effet, aux premières loges. Les bâtiments historiques servent de toile de fond à la fête permanente de la vieille ville. Les processions et les manifestations étudiantines s'y déroulent et l'on y étend le tapis rouge pour les chefs d'état. En février il y pleut des confettis et, en décembre, l'odeur du vin chaud épicé se répand dans l'air.

Auch in der Rothenburg, einer der ältesten Straßen Münsters, lohnt sich ein Blick nach oben. Nicht nur wegen ihrer prächtigen Bogenhäuser (hier ein Renaissancehaus von 1583), sondern auch wegen der Weltzeituhr mit Glockenspiel, die am „Haus Nonhoff" seit Generationen die Stunden zählt.

On Rothenburg, one of Münster's oldest streets, take a glance upwards. You will not only see the magnificent buildings with arches (here a Renaissance building from 1583) but also the world time clock with chimes, which has been ringing out the hours from "Haus Nonhoff" for generations.

Dans la rue Rothenburg également, l'une des plus vieilles de Münster, cela vaut la peine de regarder vers le haut. A cause des maisons à arcades (ici une maison Renaissance de 1583) mais aussi à cause de l'horloge à carillon indiquant l'heure des différents fuseaux horaires depuis bien des générations, sur la façade de la «Haus Nonhoff».

Das Rathaus am Prinzipalmarkt ist das schönste Schmuckstück der Altstadt. Mit seinem einzigartigen Marktgiebel gehört das Rathaus aus dem 14. Jahrhundert zu den Hauptwerken der gotischen Profanbaukunst in Europa. 1944 wurde es bis auf die Seitenwände und Reste des Marktgiebels zerstört. Ende der 50er Jahre war es mit einer Kopie der Schauwand und modernem Innenausbau wiederhergestellt.

The Town Hall, is the crowning jewel of Prinzipalmarkt. With its unique market gable, it is one of the primary Gothic secular structures of the 14th century. It was almost completely destroyed in 1944, with only the side walls and a part of the market gable remaining intact. It was reconstructed in 1950 with a copy of the decorative wall and modern interior.

L'hôtel de ville sur le Prinzipalmarkt est le plus beau bijou de la vieille ville et l'un des principaux représentants de l'architecture gothique civile en Europe. Il date du 14e siècle et le pignon du marché est unique en son genre. Après les bombardements de 1944, seuls les murs latéraux et des parties du pignon du marché restèrent debout. Il fut reconstruit au début des années 50 avec une copie du mur d'apparat et un aménagement intérieur moderne.

Die Ratskammer ging als Friedenssaal in die Geschichte ein, denn hier wurde 1648 der spanisch-niederländische Frieden beeidigt und damit ein Schlußpunkt unter den 30jährigen Krieg gesetzt. Den Gesandten von einst hat der flämische Maler Jean Baptist Floris mit Porträts ein Denkmal gesetzt. Zur kostbaren Ausstattung, die gerettet werden konnte, zählen die Wandvertäfelung, 22 Schranktüren mit Schnitzereien der Spätgotik und Renaissance und ein prachtvoller schmiedeeiserner Kronleuchter aus dem 16. Jahrhundert.

The "Ratskammer" (town council chambers) went down in history as the hall of peace when in 1648 the Thirty Years' War was ended here with the signing of the Spanish-Dutch peace treaty. The Felmish painter Jean Baptist Floris left a memorial to the diplomats at that event in the form of a group portrait. The valuable furnishing which were able to be saved include wall panels, 22 cabinet doors with late Gothic and Renaissance carvings and a magnificent wrought-iron chandelier from the 16th century.

La salle du conseil passa à l'histoire en tant que «Salle de la Paix». C'est là, en effet, que fut signée la paix de 1648 entre l'Espagne et la Hollande qui mit fin à la guerre de Trente Ans. Les portraits exécutés par le peintre flamand Jean Baptiste Floris immortalisent les délégués. Parmi les éléments de l'aménagement intérieur qui ont put être conservés intactes mentionnons les boiseries des murs, 22 portes d'armoires sculptées du gothique tardif et de la Renaissance de même qu'un magnifique lustre en fer forgé du 16e siècle.

Als es weder Radio und Zeitung, noch Lastwagen und Eisenbahn gab, sorgten die „Kiepenkerle" für den Nachrichten- und Warenaustausch zwischen Stadt und Land. Mit Leinenkittel und rotem Halstuch, mit Mütze, Pfeife und Kiepe auf dem Rücken reisten sie damals durchs Münsterland. Am Spiekerhof kommt uns noch heute einer entgegen.

Before there were radios and newspapers or trucks and trains, the "Kiepenkerle" carried news and goods between town and country. At that time they traveled through Münster-land wearing a linen smock, red neckerchief and cap, smoking a pipe and with a "Kiepe" or large basket on their backs. A few still pass by the Spiekerhof.

Lorsqu'il n'y avait encore ni radio, ni journaux, ni chemin de fer les «Kiepenkerle» (colporteurs) se chargeaient de l'échange des marchandises et des nouvelles entre les villes et les campagnes. Ils parcouraient jadis le pays de Münster avec leur tablier de lin, leur foulard rouge, leur casquette, leur pipe et leur hotte. Sur le Spiekerhof l'un d'eux vient à notre rencontre.

Schinken, Töttchen, Potthast – die westfälische Küche hat vor allem für Freunde deftiger Kost allerhand zu bieten. Ob in gutbürgerlichen Gaststätten wie hier am Spiekerhof, an gescheuerten Holztischen im „Kuhviertel" oder in einem der idyllischen Biergärten im Grünen: Eine echte Münsteraner Altbierbowle sollte man sich auf keinen Fall entgehen lassen.

Ham, "Töttchen", "Potthast" – the Westphalian cuisine has a lot to offer for lovers of hearty meals. Whether in a finer restaurant like this one at the Spiekerhof, at a scrubbed wooden table in the "Kuhviertel" or at one of the idyllic beer gardens under the trees, do not pass up an authentic Münster "Altbierbowle".

Jambon, Töttchen, Potthast – La cuisine westphalienne à beaucoup à offrir surtout aux amis des plats consistants. Que l'on soit dans un restaurant offrant de la cuisine bourgeoise comme ici sur le Spiekerhof, assis à une table de bois bien astiquée du «Kuhviertel» ou dans un idyllique «Biergarten», dans le verdure: personne ne devrait manquer de boire un athentique «Altbierbowle», une spécialité de Münster.

St. Lamberti erinnert an das Kapitel der Wiedertäufer, die im 16. Jahrhundert in Münster „Gottes tausendjähriges Reich" errichten wollten. Sie endete in der Schreckensherrschaft des Wiedertäufer-„Königs" Jan Bockelson. 1536 ließ der Bischof ihn und zwei Mitanführer hinrichten und ihre Leichen in Käfigen am Kirchturm zur Abschreckung ausstellen (oben). Der Brunnen auf dem Vorplatz ist dem Lambertusfest gewidmet.

St. Lamberti is a memorial to the Anabaptists who wanted to set up "God's thousand-year kingdom" in Münster in the 1530s. Instead, the Reformation ended with the reign of the horrible Anabaptist "King" Jan Bockelson. He, along with two right-hand-men, was executed in 1536 by the bishop and their corpses were hung from the church tower in cages as a warning (above). The fountain in the front square is dedicated to the Lambertus festival.

L'église St. Lamberti rappelle l'épisode des anabaptistes qui, au 16e siècle, voulurent instaurer «le royaume millénaire de Dieu». Ce mouvement se termina par le règne de terreur du «roi» des anabaptistes Jan Bockelson. En 1536 l'évêque le fit exécuter avec ses deux meneurs. Pour servir d'exemple il fit suspendre au clocher de l'église des cages contenant leur cadavre (ci-dessus). La fontaine sur la place est dédiée à la fête de Saint Lambert.

Der repräsentative Erbdrostenhof von 1757 zählt zu den Meisterwerken Johann Conrad Schlauns und ist heute Sitz des Landesamtes für Denkmalpflege. Der Adelshof bildet zusammen mit der Clemens- und der Dominikanerkirche die sogenannte „Barock-insel" an der Salzstraße, wo jedes Jahr im September das Barockfest die Klassikfans anlockt.

The prestigious edifice, "Erbdrostenhof", from 1757 is one of Johann Conrad Schlaun's masterpieces and now houses the Office of Historical Monuments. This aristocratic estate along with the Clemens Church and Dominican Church make up the so-called "Baroque Island" on Salzstraße, where the baroque festival attracts classical music fans each year.

Le majestueux Erbdrostenhof de 1757 compte parmi les chefs d'oeuvre de Johann Conrad Schlaun et abrite l'office du land pour la Conservation des Monuments. L'Adelshof constitue avec l'église Saint-Clément et l'église des Dominicains l'«île baroque» de la Salzstraße. Chaque année, en septembre, la «fête Baroque» y attire les amateurs de musique classique.

Moderne Zeitzeichen

Zwischen eleganten Geschäften, Boutiquen, Kaufhäusern, Cafés, Kneipen und den bunten Schätzen der Straßenhändler in der Fußgängerzone läßt sich wunderbar flanieren, stöbern und tratschen. Auf der Suche nach einer Abkürzung blieb schon mancher in einer der glitzernden Passagen hängen.

The pedestrian zone with its elegant shops, boutiques, department stores, cafes, taverns, and the colorful goods of the street merchants is ideal for strolling, rummaging or gossiping. Some of those looking for a short cut have trouble leaving of one of the sparkling Passages.

Il fait bon flâner, fouiller, bavarder dans les élégantes boutiques, les grands magasins, les cafés, les bistrots et parmi les trésors multicolores des marchands ambulants de la zone piétonne. Plus d'une personne cherchant un raccourci s'est fait prendre au charme du le scintillant Passages.

Schelmische Zungen behaupten über Münster: „Entweder es regnet oder es läuten die Glocken. Wenn beides zutrifft, ist Sonntag". Da hilft wohl nur eines: Ab in südliche Gefilde. Kein Wunder, daß das „Palmencafé" im Aegidiimarkt seit den 80er Jahren eine treue Fangemeinde hat. Im Sommer ist der Innenhof beliebter Treffpunkt für müde Pflasterhelden.

In jest they say that in Münster: "Either it is raining or the bells are tolling. If both happen at the same time, it must be Sunday." And then you can only do one thing: head south. It is no surprise that the "Palmencafé" at Aegidiimarkt has had its dedicated fans since the 80s. Its inner courtyard is a favorite meeting place for tired shoppers.

Les mauvaises langues disent qu'à Münster «soit il pleut, soit les cloches sonnent. Quand c'est les deux, c'est dimanche». Il n'y a qu'une chose à faire: partir pour le sud. Rien d'étonnant donc à ce que le «Palmencafé» sur l'Aegidiimarkt ait, depuis les années 80, une véritable communauté de fans. L'été, sa cour intßerieure est le lieu de rencontre favori des rois du macadam fatigués.

Ob das Zentralklinikum mit seinen Betten-
türmen (Foto) oder spiegelblanke Fassaden
in der City: Auch für architektonische
Experimente haben die Münsteraner ein
Herz, und zwischen den historischen Gassen
und Fassaden fügt sich so manches modernes Gebäude harmonisch ein.

Whether the Central Hospital with its bed
towers (photo) or the smooth glass facades in
the city, Münster residents also make room
for architectural experiments and there is
many a modern building set harmoniously
between historical alleyways and facades.

A Münster on aime aussi expérimenter en
matière d'architecture, qu'il s'agisse du
Zentralklinikum (photo) avec ses tours de lits
ou de la façades miroitante dans le centre
ville. Les édifices modernes s'intègrent
harmonieusement aux vieilles ruelles et aux
façades historiques.

Avantgarde aus Stein: das Domizil der Landesbausparkasse an der Aa (oben) und ein spektakulärer Tempel für Leseratten und Videofreaks in der Altstadt. Die Stadtbücherei zog Ende 1993 vom altehrwürdigen Krameramtshaus in ein 52 Millionen teures „Bücherschiff" aus Kupfer, Glas und Stahl um. Luftig, hell und funktional – das Rezept der Architektin Julia Bolles-Wilson ging so glänzend auf, daß der Wirbel um den „Literatenbunker" heute fast vergessen ist.

Avant-garde in stone: the seat of the Landesbausparkasse on the Aa (above) and a spectacular temple for readers and video freaks in the Altstadt. In 1993 the municipal library moved from the old, respectable Krameramtshaus into a 52-million-mark "book ship" of copper, glass and steel. Airy, light and functional – architect Julia Bolles-Wilson's formula was so successful that the cry that went up about the "literary bunker" has almost been forgotten.

Avant-garde de pierre: la caisse d'épargne du land au bord de l'Aa (ci-dessus) et un temple spectaculaire pour les rats de bibliothèque et les passionnés du vidéo dans la vieille ville. A la fin de 1993 la bibliothèque municipale quitta la vénérable Krameramtshaus pour s'installer dans ce «bateau aux livres» de cuivre, de verre et d'acier ayant coûté 52 millions. Spacieux, clair et fonctionnel cette réalisation de l'architecte Julia Bolles-Wilson est une telle réussite qu'on a presque oublié la tempête qu'avait déchaînée le «bunker des lettrés».

Mekka der Studenten

Das ehemalige fürstbischöfliche Schloß, 1767 von Schlaun begonnen, ist der erste Anlaufpunkt für jeden der rund 45 000 Studenten der Westfälischen Wilhelms-Universität, die sich hier immatrikulieren müssen. Der 91 Meter lange, dreiflügelige Barockbau ersetzte nach dem 2. Weltkrieg das alte Hauptgebäude der Universität am Domplatz. An seiner Stelle entstand –

The former royal castle, started by Schlaun in 1767, is the first stop for the approximately 45,000 students at the Westphalian Wilhelms University who have to register here. The 91-meter-long baroque structure with three wings took over the duties of the old main building of the university at Marktplatz after World War II. The old main building was replaced by the Fürstenberg-

Tout étudiant qui s'inscrit à la Westfälische Wilhelms-Universität (ils sont près de 45 000) commence sa carrière universitaire dans l'ancien château du prince-évêque construit à partir de 1767 par Schlaun. Après la Deuxième Guerre Mondiale cet édifice baroque à trois ailes, long de 91 mètres, remplaça l'ancien édifice principal de l'université sur la Domplatz sur l'emplace-

benannt nach dem Gründer der Hochschule – das Fürstenberghaus, in dem Institute der Philosophischen Fakultät untergebracht sind. Auf dem Hindenburgplatz vor dem Schloß zieht dreimal im Jahr eine riesige Kirmes Tausende von Besuchern an: Der Send geht auf die Jahrmärkte zurück, die ursprünglich auf dem Domplatz die Kirchenversammlungen begleiteten.

haus – named after the founder of the University – which houses the Philosophy Department. A huge fair attracts thousands of visitors to Hindenburgplatz in front of the castle three times a year. "Send" harks back to the fairs that originally took place at Domplatz and accompanied church services.

ment duquel fut construite la Fürstenberghaus – nommée d'après le fondateur de l'université. Elle accueille la faculté de philosophie. Trois fois par an, une gigantesque kermesse attire des milliers de visiteurs sur la Hindenburgplatz devant le château. L'origine du Send remonte aux foires de la place de la cathédrale qui accompagnaient jadis les réunions ecclésiastiques.

Grüner Wartesaal für die Studenten: Der Schloßgarten, seit jeher sternförmig von einer Gräfte umgeben, ist für ein sonniges Stündchen zwischen zwei Vorlesungen genau das Richtige. Ursprünglich als französische Anlage geplant, verwandelte er sich im Jahre 1851 auf Anordnung des preußischen Königs in einen englischen Landschaftspark. Der Botanische Garten mit 46 Hektar Freilandfläche stammt von 1803.

The green waiting room of the students: the castle gardens, laid out in the form of a star from the very beginning and surrounded by a moat, is just the place to while away a sunny hour between classes. It was originally planned as a French garden but was changed to an English park by the Prussian kings in 1851. The botanical garden with 46 hectares of open land dates from 1803.

Salle d'attente verdoyante pour les étudiants: le jardin du château, tracé dès l'origine en forme d'étoile est entouré d'un fossé. C'est un lieu idéal pour faire une petite pause entre deux cours. Il fut conçu comme jardin à la française mais transformé en 1851, sur un décret du roi de Prusse, en un jardin à l'anglaise. Le jardin botanique d'une surface de 46ha date de 1803.

Kirchen in Münster: Galerie der Türme

Bereits zu Beginn des 9. Jahrhunderts ließ Sachsenmissionar Liudger, von Karl dem Großen zum ersten Bischof des Bistums Münster berufen, einen Dom errichten – die Keimzelle der Stadt. Der heutige Dom St. Paulus ist im wesentlichen ein Werk des 13. Jahrhunderts. Rund 40 Jahre dauerte es, bis der mächtige Sandsteinbau mit den hellgrün schimmernden Kupferdächern fertiggestellt war.

The Saxon missionary Liudger, who was appointed the first bishop of the Münster diocese by Charlemagne, had a cathedral built in the 9th century which became the nucleus of the city. Today's St. Paulus Cathedral is for the most part from the 13th century. It took approximately 40 years to complete the sandstone construction with the shiny, light green, copper roofs.

Dès le début du 9e siècle, Liudger, l'évangélisateur des Saxons, nommé par charlemagne premier évêque de Münster, fit construire une cathédrale. C'est la cellule d'origine de la ville. L'actuelle cathédrale Saint-Paul est, pour l'essentiel, un édifice du 13e siècle. La construction de ce puissant édifice de grés aux chatoyants toits de cuivre verts dura près de 40 ans.

Der Weg in den Dom führt durchs Paradies mit monumentalen Apostel- und Heiligenfiguren aus dem 13. Jahrhundert (oben). Der gewaltige Innenraum mit seiner reichen Ausstattung an Epitaphien, Altären, Skulpturen, Gemälden und Grabmälern zieht jeden Besucher in seinen Bann. Ebenso der wertvolle und umfangreiche Domschatz. Ein technisches Meisterwerk ihrer Zeit ist die astronomische Uhr im Chorumgang, die 1542 zu ticken begann.

The cathedral entry leads through paradise with monumental apostles and saints from the 13th century (above). Every visitor is captivated by the colossal interior with its rich ornamentation, including epitaphs, altars, sculptures, paintings and tombs. The same applies to the valuable and extensive cathedral treasure. The astronomical clock in the Chorum aisle, which began ticking in 1542, was a technical masterpiece at its time.

Pour se rendre à la cathédrale, on passe par le «Paradis» aux monumentales sculptures

d'apôtres et de saints du 13e siècle (ci-dessus). Le vaste espace intérieur, richement orné d'épitaphes, d'autels, de sculptures, de peintures et de monuments funéraires, fascine le visiteur, de même que le précieux et trésor de la cathédrale. L'horloge astronomique de 1542 dans le déambulatoire est un chef-d'oeuvre technique de son époque.

Clemens August Graf von Galen machte St. Lamberti berühmt: Von dieser Kanzel hielt er in den 40er Jahren als Bischof seine mutigen Predigten gegen die nationalsozialistische Rassenlehre und Euthanasie-Programme, und sorgte für die Verbreitung der päpstlichen Enzyklika „Mit brennender Sorge". Sein lebensgroßes Denkmal steht unter den Linden des Domplatzes.

Clemens August, Graf von Galen, made St. Lamberti famous. As bishop in the 40s, he held his famous sermon from this pulpit condemning the National Socialist racial theory and euthanasia program and organized the distribution of the papal encyclical entitled "With burning concern". A life-sized statue of the bishop stands under the linden at Domplatz.

Le comte Clemens August von Galen rendi l'église St. Lamberti célèbre. Cet évêque y fit de courageux sermons contre la doctrine rassiste et le programme d'euthanasie des nazis. Il fit diffuser l'encyclique papale «avec un souci brûlant». Un monument de grandeur nature lui est dédié sous les tilleuls de la place de la cathédrale.

Wer hier rechts neben der Tür so nachdenklich am Portal von St. Lamberti lehnt, ist kein geringerer als Goethe, einer der prominentesten Gäste der Stadt. Die größte Pfarrkirche Münsters wurde bereits um das Jahr 1000 für die Kaufleute gegründet. Der jetzige spätgotische Hallenbau entstand von 1375 bis 1460 nach Vorbild des Freiburger Münsters.

The person leaning so pensively against the portal on the right next to the door of St. Lamberti is no less than Goethe, one of the city's most prominent guests. The largest parish church in Münster was founded for merchants back in the year 1000. The current, late Gothic structure, built between 1375 and 1460, was modeled after the cathedral in Freiburg.

Cet homme songeur à droite, près du portail de St. Lamberti, n'est autre que Goethe, l'un des hôtes les plus célèbres de la ville. Cette église paroissiale, la plus grande de Münster, fut fondée vers l'an 1000 pour les marchands. L'actuelle église-halle de style gothique tardif fut construite de 1375 à 1460 d'après le modèle de la cathédrale de Fribourg.

Der mächtigste gotische Kirchturm Westfalens hat einen Schönheitsfehler – ihm fehlt der Helm. Das erste Exemplar der damaligen Kirche des adeligen Liebfrauenstiftes jenseits der Aa (daher „Überwasserkirche") trugen die Wiedertäufer ab. Der zweite Turmhelm fiel 1704 einem Orkan zum Opfer. Trotzdem blieben Schätze erhalten: Das prächtige Westportal und ein Figurenzyklus aus dem 14. Jahrhundert, der heute im Landesmuseum zu bewundern ist.

The most massive church tower in Westphalia has a flaw, its spire is missing. The first one on this church of the noble Liebfrauen Foundation on the other side of the Aa (therefore known as the "church across the water") was taken down by the Anabaptists. The second spire fell victim to a hurricane in 1704 but the treasures were spared: the magnificent west portal and a group of figures from the 14th century which can be viewed at the State Museum.

Le plus imposant clocher gothique de Westpahlie a un défaut: il n'a pas de flèche. La première fut emportée par les anabaptistes alors que l'église faisait partie de l'aristocratique collège de Notre-Dame au-delà de l'Aa (d'où le nom d'église au-delà de l'eau). La deuxième fut victime en 1704 d'un ouragan. Cette église nous a cependant légué des trésors: le magnifique portail ouest et un cycle de sculptures du 14e siècle qui peut être admiré aujourd'hui au musée du land.

St. Ludgeri aus dem Jahre 1173 gilt als erstes Beispiel einer Stufen-Hallenkirche, wie sie später in Westfalen weit Verbreitung fand. Neben dem spätromanischen Vierungsturm, spätgotischen Chor und den Westtürmen aus dem 19. Jahrhundert setzen moderne Glasfenster zeitgenössische Akzente. Ein Hauch von Bayern auf dem Platz an der Südseite: Die Mariensäule ist dem berühmten Münchner Denkmal nachgebildet.

St. Ludgeri, from 1173, is considered to be the first example of a church with stepped interior design, a style which was later widespread in Westphalia. Contemporary glass windows add a modern touch to the late Romanesque crossing tower, late Gothic choir and the 19th century west towers. A trace of Bavaria on the south side of the square: the Mariensäule (column of the Virgin Mary) is a copy of the monument in Munich.

St. Ludgeri qui date de 1173 est l'un des premiers exemples d'église-halle à degrés comme on en construisit beaucoup d'autres, plus tard en Westpahlie. Des vitraux modernes ajoutent une note contemporaine à cet édifice dont la tour de croisée de transept est romane, le choeur gothique et la tour ouest du 19e siècle. Une note bavaroise sur la place de la façade sud: la colonne de la vierge est une copie du célèbre monument munichois.

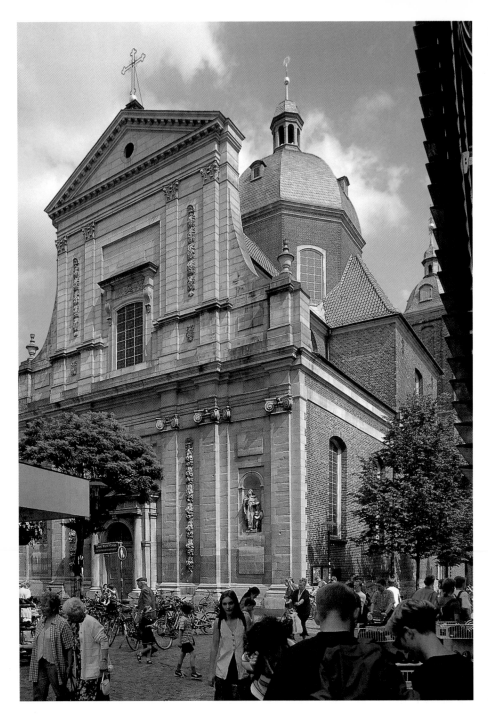

Das Konventsgebäude der Dominikaner ist längst verschwunden, doch ihre Kirche steht: Lambert von Corfey entwarf diesen prachtvollen Backsteinbau mit römischer Barockfassade und achteckiger Kuppel zu Beginn des 18. Jahrhunderts.

The Dominican Convent has long disappeared but the church is still standing. Lambert von Corfey designed this splendid brick structure with Roman baroque facade and octagonal dome at the beginning of the 18th century.

Le monastère des dominicains a disparu depuis longtemps mais leur église existe toujours. Ce magnifique édifice de brique à la façade baroque romaine et à la coupole octogonale du début du 18e siècle est une oeuvre de Lambert von Corfey.

Barock pur zelebriert die Clemenskirche mit ihrem üppigen Stuck, den zahlreichen Figuren und schwungvollen Rokoko-Ornamenten. Sie wurde 1745–53 von Schlaun im kurfürstlichen Auftrag zusammen mit Kloster und Hospital der Barmherzigen Brüder errichtet. Innen lohnt sich ein Blick hinauf in die Kuppel: Das Gemälde verherrlicht den Hl. Clemens und den Ordenspatron.

The Clemens Church is a celebration of pure baroque with its opulent stucco work, numerous figures and dynamic rococo ornamentation. Upon royal request it was constructed by Schlaun from 1745–53, along with the monastery and the hospital of the order of good Samaritans. Take a look up at the dome; the painting glorifies Saint Clemens and the order's patron saint.

La Clemenskirche célèbre le baroque à l'état pur avec ses stucs exubérants, sa profusion de sculptures et ses ornements rococo pleins d'élan. Le prince-électeur en confia la construction à Schlaun. Elle fut réalisée avec le monastère et l'hôpital des frères de la Miséricorde de 1745 à 1753. L'intérieur de la coupole est remarquable. Ses peintures glorifient Saint Clément, le patron de l'ordre.

Kunst und Kultur

Schmuckstück oder Schandfleck? Als im Stadttheater in der Neubrückenstraße 1956 zum ersten Mal der Vorhang aufging, erhitzte der eigenwillige Bau mit dem hohen, runden Bühnenhaus viele Gemüter. Doch der Inhalt versöhnte rasch auch die schärfsten Kritiker mit der Verpackung, die international als „befreiender Donnerschlag in der Theater-Architektur" gefeiert wurde.

Gem or monstrosity? When the curtain first went up in the Stadttheater on Neubrücken-straße in 1956, the unconventional, high, round theater caused a stir among many residents. But the interior soon convinced the strongest critics of the value of the packaging, praised internationally as the "liberating thunder in theater architecture". In the end many stage careers have taken

Bijou ou atrocité? Lorsqu'en 1956 la pre-mière représentation eut lieu dans le théâtre Municipal de la Neubrückenstraße – édifice très particulier avec sa scène haute et arrondie – bien des esprits s'échauffèrent. Pourtant le contenu réconcilia avec le contenant même les ennemis les plus farouches de la bâtisse qui fut bientôt acclamée internationalement et qualifiée de

Schließlich fiel hier so mancher Startschuß für eine Bühnenkarriere – wie die von Ruth Leuwerik und Gert Fröbe.
Während drinnen die Bühnenbilder wechseln, harrt draußen eine Kulisse aus: Das Architekten-Quartett konzipierte das Stadttheater unter Einbeziehung von Ruinen des kriegszerstörten klassizistischen „Romberger Hofs" von 1782.

wing here – for example that of Ruth Leuwerik and Gert Fröbe.
While the stage sets are changing inside, the scenery is hardening outside: The quartet of architects conceived the Stadttheater with the incorporation of the war-damaged ruins of the classicist "Romberger Hof" from 1782.

«coup de tonnerre» dans l'architecture théâtrale. Des acteurs célèbres y firent leurs débuts – tels Ruth Leuwerik et Gert Fröbe. Tandis quà l'intérieur les décors changent, dehors ils bravent le temps: le quatuor d'architectes incorpora au théâtre Municipal les vestiges du Romberger Hof de 1782, de style classique, détruit pendant la guerre.

Das Stadtmuseum hat in einem umgebauten ehemaligen Kaufhaus in der Salzstraße ein neues Zuhause gefunden. Auf 1800 Quadratmetern Ausstellungsfläche führt es durch Münsters Geschichte seit dem 8. Jahrhundert. Im Krämerladen möchte man am liebsten gleich die Einkaufsliste zücken:

The City Museum found a new home in a remodeled, former department store on Salzstraße. One is guided through Münster's history since the 8th century, displayed over 1800 square meters. It is hard to resist taking out a shopping list at the dry goods store with its candy jars and nostalgic tins and the

Le musée Municipal a trouvé un nouveau domicile dans un ancien magasin de la Salzstraße. L'histoire de Münster y est retracée depuis le 8e siècle. Chez l'épicier on est tenté de sortir sa liste d'achats: bocaux de bonbons, boîtes de fer-blanc nostalgiques, volets mystérieux font surgir

Bonbongläser, nostalgische Blechdosen und geheimnisvolle Holzladen wecken Erinnerungen an Tage, in denen der Kaufmann hinterm Tresen noch jeden Kunden mit Namen kannte und immer Zeit für ein Schwätzchen blieb.

mysterious wooden drawers awaken memories of the days when the merchant behind the counter knew every customer by name and there was always time to exchange the latest news.

des souvenirs du temps où le marchand derrière son comptoir connaissait le nom de ses clients et trouvait toujours le temps de tailler une petite bavette.

Das Westfälische Landesmuseum für Kunst- und Kulturgeschichte präsentiert eine umfangreiche Sammlung von Grafiken, Plastiken und Gemälden, besonders der mittelalterlichen Tafelmalerei Westfalens, zeigt Kunsthandwerk und Textilien. Über die Landesgrenzen hinaus bekannt wurde es vor allem durch seine Sonderausstellungen, wie 1986/87 mit Werken August Mackes. Damals standen hier an manchen Wochenenden bis zu 25 000 Menschen Schlange.

The Westphalian State Museum of Art and Cultural History displays an extensive collection of graphics, sculptures and paintings, paricularly Westphalian panel painting from the Middle Ages, handicrafts and textiles. The museum became known across state borders with its special exhibition of the works of August Macke 1986/87. At that time up to 25,000 people could be seen waiting in line on some weekends.

Le musée des Beaux-Arts présente de riches collections de dessins, de sculptures et de peintures – en particulier de retables médiévaux – d'artisanat d'art et de tissus. L'exposition de 1986/87 des oeuvres d'Auguste Macke fit connaître ce musée bien au-delà des limites du land. On y vit, pendant plusieurs week-ends, des queues de 25 000 personnes.

Grabbeigaben, Keramiken, Handwerksgerät, Waffen, Münzen – dank umfangreicher Funde, die vor allem bei Ausgrabungen nach dem 2. Weltkrieg zutage kamen, entstand eine beeindruckende Sammlung, die alle Epochen der Vor- und Frühgeschichte Westfalens umfaßt. Über sie wacht das Landesmuseum für Archäologie in der Rothenburg.

Burial objects, ceramics, hand tools, weapons, coins: an impressive collection covering all periods of Westphalian prehistory and early history, thanks to extensive discoveries made primarily in excavations after World War II. They are guarded by the State Museum of Archeology in Rothenburg.

Offrandes funéraires, céramiques, ustensiles d'artisanat, armes, pièces de monnaie. Les fouilles effectuées surtout après la Deuxième Guerre Mondiale permirent de constituer des collections très impressionnantes qui couvrent toutes les époques de la préhistoire et de la protohistoire de Westphalie. Le musée d'Archéologie dans la rue Rothenburg veille sur elles.

„Perlen" vor der Haustür

Eine Allee voller Linden nimmt die Altstadt in die Arme: Anstelle der alten Stadtbefestigung erstreckt sich heute über 4,5 Kilometer die Promenade. Vom Festungswall übriggeblieben ist außer dem Zwinger nur der Buddenturm, der zunächst als Gefängnis diente, bevor er 1879 zum Wasserturm umgebaut wurde (rechts). Blickfang an der Aa ist die „Dreiteilige Skulptur: Wirbel" von Henry Moore.

A street lined with linden embraces the Altstadt (old town): A promenade covers 4.5 kilometers of what was once the old city fortification. All that remains of the old city walls, apart from the outer ward, is the Buddenturm which originally served as a prison before it was converted into a water tower in 1879 (right). The three-part sculpture by Henry Moore catches one's eye on the Aa.

Une allée aux nombreux tilleuls prend la vieille ville dans ses bras: la promenade longue de 4,5 km a remplacé les remparts de la ville. Des fotifications il ne reste que la Zwinger et la Buddenturm qui servit d'abord de prison avant d'être convertie en château d'eau (à droite). Au bord de l'Aa la sculpture en trois parties «Tourbillon» d'Henry Moore attire tous les regards.

Wer mal richtig abschalten will, hat's nicht weit. Gleich hinter der Innenstadt stolpert man über drei riesige Billardkugeln, die der Künstler Claes Oldenburg 1977 auf der Wiese liegen ließ. Hier beginnt das beliebteste Freizeitgebiet der Münsteraner: Der Aasee ist Treffpunkt für Segler und Jogger,

You don't have to go far to get away from it all. Just behind the city center you stumble across three giant billiard balls which artist Claes Oldenburg left lying on the grass in 1977. This is where the favorite leisure-time area of the people of Münster begins: The Aasee is the meeting place for sailors and

Qui veut se détendre n'a pas loin à aller. Juste derrière le centre-ville on trébuche sur trois gigantesques boules de billard que l'artiste Claes Oldenburg laissa sur la prairie en 1977. C'est ici que commence l'espace de loisirs favori des habitants de Münster: le lac d'Aa est le lieu de rencontre des passionnés

Radler, Spaziergänger und Sterngucker, die der Wasserbus im Stundentakt fast bis vor die Tür des Planetariums fährt. Am idyllischen Ufer des künstlich angelegten Sees bleiben nicht nur Studenten auf dem Weg ins nächste Seminar nur zu gerne auf der Strecke ...

joggers, cyclists, strollers and stargazers, who are brought almost to the door of the planetarium by the water bus each hour. The idyllic banks of the man-made lake not only entice students on the way to their next class to linger for awhile.

de voile, de jogging, de bicyclette et de marche. Qui veut observer les étoiles peut prendre un bateau autobus qui dépose ses passagers, à chaque heure, presque devant les portes du planetarium. Les étudiants ne sont pas les seuls à s'attarder sur les rives idylliques de ce lac artificiel.

Auch wenn's regnet, kann sich der Pelikan über mangelndes Publikum nicht beklagen. Der Allwetterzoo lockt mit seinen überdachten Gängen zwischen den Tierhäusern zu jeder Jahreszeit Besucher an. Mit Delphinarium und Aquarium zählt er seit 1974 zu den modernsten Zoos der Welt.

The pelican cannot complain of low turnout even on rainy days. The all-weather zoo, with its covered paths connecting the exhibits, attracts visitors all year round. With a delphinarium and aquarium, it has been one of the most modern zoos in the world since 1974.

Même par mauvais temps le pélican n'a pas à déplorer le manque de visiteurs. Ce zoo aux allées couvertes accueille le public en toutes saisons. Le delphinarium et l'aquarium ont fait de ce zoo construit en 1974, l'un des plus modernes du monde.

Alles fing mit einer Bockwindmühle aus dem 16. Jahrhundert an, die Theo Breider 1961 mit Hilfe von Spendengeldern an den Aasee versetzte. Inzwischen ist um sie herum ein kleines Dorf mit über 20 originalen Bauwerken entstanden. Zu den Attraktionen des Freilichtmuseums Mühlenhof zählen neben Mühlen- und Gräftenhof unter anderem eine alte Schule, in der gelegentlich sogar Unterricht stattfindet.

It all started with the windmill from the 16th century which Theo Breider moved to the Aasee in 1961 with the help of donations. Since that time a small village with over 20 original structures has grown up around it. Some of the attractions of the open-air Mühlenhof Museum are, in addition to Mühlenhof and Gräftenhof, an old school in which classes are even occasionally held.

Tout commença par un moulin à vent du 16e siècle que Theo Breider fit déplacer sur les rives de l'Aa grâce à des donations. On a aménagé autour un petit village avec des édifices originaux. Parmi les attractions du musée en plein air de Mühlenhof on compte, en plus de Mühlenhof et Gräftenhof, une vieille école dans laquelle on fait même classe occasionnellement.

Stolz steht es da, Haus Rüschhaus in Nienberge, das sich Barockbaumeister Schlaun im 18. Jahrhundert als Landsitz für seine Familie baute. Hier zog 1826 die Dichterin Annette von Droste-Hülshoff ein und schrieb unter anderem die Kriminal-novelle „Die Judenbuche", die zu den besten deutschen realistischen Erzählungen des 19. Jahrhunderts zählt. Heute wird Haus Rüschhaus als Museum und für kulturelle Veranstaltungen genutzt.

Haus Rüschhaus in Nienberge, standing proud, was built by the baroque architect, Schlaun, in the 18th century as his family's country house. In 1826 the writer, Annette von Droste-Hülshoff, moved in and wrote, among other works, the whodunit "Die Judenbuche", one of the best realistic German works of the 19th century. Today Haus Rüschhaus is used as a museum and for cultural events.

Construite au 18e siècle par l'architecte baroque Schlaun pour servir de maison de campagne à sa famille: la fière Haus Rüschhaus à Nienberge. La poétesse Annette von Droste-Hülshoff vint y habiter en 1826 et y écrivit, entre autres, la nouvelle poli-cière «Die Judenbuche» qui compte parmi les meilleurs récits réalistes allemands du 19e siècle. De nos jours, Haus Rüschhaus sert de musée. Des évènements culturels y ont lieu.

Von den einst über 3000 Wasserburgen und -schlössern in Westfalen hat rund ein Zehntel die Zeiten überdauert. In die „Perlen des Münsterlandes" zog vielfach neues Leben ein: Zum Angebot gehören Vernissagen, Konzerte, Bildungsstätten, Ferienunterkünfte, Jugendfreizeiten. Eines der prächtigsten Exemplare ist Burg Hülshoff aus dem 16. Jahrhundert (Fotos). Hier wurde 1797 Annette von Droste-Hülshoff geboren.

Only a tenth of the over 3000 castles surrounded by water which once existed in Westphalia have withstood the test of time. New life is constantly filling the "pearls of Münsterland": art openings, concerts, training centers, vacation lodging, and youth centers among others. Burg Hülshoff from the 16th century is one of the most magnificent examples (photos). This is where Annette von Droste-Hülshoff was born in 1797.

Il y avait jadis plus de 3000 châteaux à douves en Westphalie. Près d'un dixième d'entre eux ont traversé le temps. Ces «Perles du Pays de Münster» sont animées d'une vie nouvelle et accueillent vernissages, concerts, loisirs pour la jeunesse et servent à l'enseignement ou aux vacances. L'un des plus beaux exemplaires de ces châteaux à douves est Burg Hülshoff du 16e siècle (photo). Annette von Droste-Hülshoff y naquit en 1797.

Wie der Renaissance-Adel im Münsterland residierte, verrät der Drostenhof Wolbeck aus der Mitte des 16. Jahrhunderts (links). Hinter der Backsteinfassade verbirgt sich jetzt das Westpreußische Landesmuseum. Zur Dyckburg zieht es vor allem Hochzeitspaare, um sich in der romantischen Loreto-Kapelle das Jawort zu geben.

Drostenhof Wolbeck from the mid-16th century (left) gives a feel for how the Münsterland Renaissance nobility lived. The brick facade today hides the West Prussian State Museum. Dyckburg mainly attracts brides and grooms who come to say "I do" in the romantic Loreto Chapel.

Le château de Drostenhof Wolbeck nous montre comment l'aristocratie résidait dans le pays de Münster. Derrière la façade de brique se trouve, à présent, le musée de la Prusse Orientale. Les couples affectionnent la romantique chapelle Loreto du château de Dyckburg pour s'y marier.

Chronik

um 782
Die Franken errichten auf einem Hügel an der Aa an der Stelle einer frühgermanischen (3. Jh.) und einer sächsischen Siedlung (7.–8. Jahrhundert) eine Befestigung
793
Der Friese Liudger macht die Siedlung Mimigernaford zum Missionszentrum
805
Erhebung zum Bistum, Liudger von Karl dem Großen zum Bischof geweiht. Name Münster leitet sich von dem Kloster (monasterium) ab, das Liudger gründete
um 1170
Stadtrecht
1264
Vollendung des heutigen Domes
13.–17. Jahrhundert
Führendes Mitglied der Hanse
14. Jahrhundert
Gotisches Rathaus errichtet
1454
Die 16 Gilden der Handwerker erkämpfen sich gegen die „Erbmänner" Sitz und Stimme im Rat
1534/35
Herrschaft der Wiedertäufer
ab 1585/88
Münster wird „rekatholisiert"; Berufung der Jesuiten an die Domschule
1648
Westfälischer Friede zu Münster und Osnabrück: Ende des 30jährigen Krieges
1764
Anstelle der geschleiften Besfestigungsanlage wird die Promenade angelegt
1780
Gründung der Universität (Name „Westfälische Wilhelm-Universität" seit 1907)
bis 1803
Haupt- und Residenzstadt des Fürstbistums
ab 1816
Hauptstadt der preußischen Provinz Westfalen
ab 1848
Anschluß ans Eisenbahnnetz
1898
Anschluß an den Dortmund-Ems-Kanal
1939–45
Münster wird im 2. Weltkrieg zu 63 Prozent zerstört
1975
Neun Umlandgemeinden werden eingegliedert
1993
1200-Jahr-Feier; Eröffnung der neuen Stadtbibliothek

Chronicle

around 782
The Franks construct a fort on a hill on the Aa, on the site of an early Germanic settlement (3rd century) and a Saxon settlement (7th–8th century)
793
The Fresian Liudger turns the settlement of Mimigernaford into a missionary center
805
Elevated to a diocese, Liudger is appointed bishop by Charlemagne. The name Münster can be traced to the monastery founded by Liudger
around 1170
Town charter
1264
Completion of present cathedral
13th–17th century
Leading member of the Hanseatic League
14th century
Construction of the Gothic Town Hall
1454
The 18 craft guilds gained representation and voting rights in town council against those with inherited rights
1534/35
Reign of the Anabaptisits
around 1585/88
Münster is "re-Catholicized"; the Jesuits are called to the cathedral school
1648
Westphalian Peace Treaty of Münster and Osnabrück: end of the 30 Years' War
1764
The promenade replaces the dismantled fortification
1780
Founding of the university (named "Westphalian Wilhelms University" since 1907)
until 1803
Capital and residence of the electorate
since 1816
Capital of the Prussian province Westphalia
since 1848
Connection to the railroad network
1898
Connection to the Dortmund-Ems Canal
1939–45
63 % of Münster is destroyed in World War II
1975
Nine surrounding communities are incorporated into Münster
1993
1200-year anniversary celebration; opening of the new municipal library

Histoire

vers 782
Les Francs construisent une forteresse sur une colline au bord de l'Aa sur l'emplacement d'un lieu de peuplement germanique (3e siècle) puis saxon (7–8e siècles)
793
Le Frison Liudger fait de Mimigernaford un centre de mission
805
Ce lieu devient évêché. Liudger est nommé évêque par Charlemagne. Le nom de Münster est dérivé du monastère (monasterium) fondé par Liudger
vers 1170
Droits de ville
1264
L'actuelle cathédrale est complétée
13–17e siècles
Membre dirigeant de la Hanse
14e siècle
Construction de l'hôtel de ville gothique
1454
Les 16 guildes des artisans luttent contre les «héritiers» et obtiennet sièges et voix au conseil
1534/35
Les anabaptistes au pouvoir
à partir de 1585/88
Münster est «recatholicisée». Les Jésuites à la Domschule
1648
Paix de Westphalie à Münster et Osnabrück. Fin de la guerre de Trente Ans.
1764
Les remparts sont rasés et remplacés par la Promenade
1780
Fondation de l'université (nommée depuis 1907 Westfälische-Wilhelms-Universität)
Jusqu' à 1803
Capitale et résidence du prince-évêque
à partir de 1816
capitale de la province prussienne de Westphalie
à partir de 1848
Rattachement au réseau de chemin de fer
1898
Rattachement au canal de Dortmund-Ems
1939–45
63 % de la ville s'écroulent sous les bombes de la Deuxième Guerre Mondiale
1975
Neuf communes environnantes sont rattachées à la ville
1993
Fête du 1200e anniversaire. Mise en service de la nouvelle bibliothèque municipale.